어린이와 함께하는

Kids Together 성경공부

본 교재는 교회와 가정을 연결하는 아동부 교육목회 해피투게더의 어린이 성경공부 부분으로,
어린이들이 말씀중심으로 다양한 신앙의 주제를 배울 수 있는 성경교재입니다.

어린이와 함께하는
Kids Together
성경공부 2-1

발행일 | 2012년 7월 2일

발행인 | 양금희
편집인 | 이지영, 김은식
디자인 | 류선미, 박지원
발행처 | 장로회신학대학교 기독교교육연구원
주소 | (143-756) 서울시 광진구 광장로 5길 25-1 (광장동 353)
전화 | 02)450-5424~5
팩스 | 02)458-4613
홈페이지 | www.ceri.co.kr

에듀랜드 Eduland | 에듀랜드는 Education, Land의 합성어로 '교회교육이 숨쉬는 땅'을 표현하는 기독교교육연구원의 상징입니다.

차례

일러두기

쏘옥! 말씀 이야기

어린이가 쉽게 이해할 수 있는 성경메시지를 어린이들과 함께 읽습니다.

아하! 나는 성경박사!

본문의 핵심 내용에 대한 질문을 나누고 대답합니다.

꼬마 말씀사전

본문에 나오는 용어, 지명, 인물 등에 대한 설명을 듣고 이해합니다.

가자, 세상으로!

배운 말씀을 어린이의 생활 속에 담습니다.

말씀을 생각하며 기도해요

오늘의 말씀을 생각하며 결단의 기도를 드립니다.

영과 진리로 예배드려요!

(요한복음 4:5~26)

쏘옥! 말씀 이야기

예수님은 사마리아 수가라는 마을, 야곱의 우물가에서 한 여인을 만나셨어요. 예수님은 뜨거운 낮에 아무도 물을 길러 나오지 않는 시간에 조용히 물을 길으러 나온 여인과 만나셨어요. 예수님이 여인에게 마실 물을 좀 달라고 말씀하시자, 여인은 **사마리아인**에게 말을 거는 예수님이 궁금해졌어요. 예수님은 호기심 가득한 여인에게 "내가 주는 물을 마시는 사람은, 영원히 목마르지 아니할 것이다. 내가 주는 물은, 그 사람 속에서 영생에 이르게 하는 샘물이 될 것이다."라고 말씀하셨지요.

예수님을 예언자라고 생각한 여인은 평소 가장 궁금했던 것을 질문했어요. "우리 조상은 이 산에서 예배를 드렸는데, 선생님 쪽 사람들은 예배드려야 할 곳이 예루살렘에 있다고 합니다. 정말 예루살렘에서만 예배를 드릴 수 있는 건가요?" 여인의 물음에 예수님은 대답하셨어요. "이 산에서 예배를 드려야 한다거나, 예루살렘에서 예배를 드려야 한다는 말이 중요하지 않을 때가 올 것이다. 하나님은 영과 진리로 예배를 드리는 사람들을 찾으신다. 하나님은 영이시다. 그러므로 하나님께 예배를 드리는 사람은 영과 진리로 예배를 드려야 한다."

그러자 여자가 "저는 그리스도라고 하는 **메시야**가 오실 것을 압니다. 그가 오시면, 우리에게 모든 것을 알려 주실 것입니다."라고 말했어요. 그때 예수님은 말씀하셨어요. "내가 바로 그다."

아하! 나는 성경박사!

1 예수님은 수가성에서 만난 사마리아 여인에게 물을 달라고 하셨어요. 그러고는 곧, 아무 도구도 가지고 계시지 않은 예수님이 물을 줄 수 있나고 말씀하셨지요. 과연 예수님이 줄 수 있다고 하신 물은 어떤 물일까요? 빈 칸을 채워보세요.

내가 주는 물은
○○ 하도록 솟아나는
○○ 이 될 것이다
(요 4:14)

2 참되게 예배드리는 사람들은 어떻게 예배를 드리나요?

① 많은 헌금을 가지고 와서 예배드린다.
② 화려하고 멋진 옷을 입고 거룩한 척 하며 예배드린다.
③ 하나님이 주신 성령으로 예배하고, 진실된 마음으로 예배드린다.
④ 얼굴은 하나님께로 향하고, 손은 핸드폰을 만지며 예배드린다.

꼬마 말씀사전

사마리아인 : 앗수르와 유대민족의 혼혈로 나타난 종족으로, 이스라엘 사람들은 민족의 순수성을 더럽힌 집단이라고 무시했던 사람들이에요. 그러나 예수님께서는 유대 사람들이 피했던 사마리아 사람들까지 만나주시고 그들의 친구가 되어주셨지요.

메시야 : '기름부음을 받은' 이라는 뜻으로 좁게는 이스라엘을 외국의 억압에서 구원해 줄 왕을 의미하고, 넓게는 우리를 죄에서 건져 줄 구원자를 뜻한답니다. 이스라엘 사람들은 아주 오래전부터 자신들을 구원해 줄 메시야를 기다려왔어요. 성경에서 예언한 메시야는 바로 예수님이시랍니다.

가자, 세상으로!

1 예수님은 참된 예배는 영과 진리로 드리는 예배라고 말씀해 주셨어요. 그렇다면 영과 진리로 예배드리기 위해 필요한 것과 버려야 할 것은 무엇일까요? 〈보기〉에서 찾아 버려야 할 것은 회색에 적고 필요한 것들은 흰 종이에 적어보아요.

〈보기〉
성경책, 회개하는 마음, 닌텐도, 정성스런 마음, 죄, 선생님께 말장난하기, 마음을 다해 찬양하기, 기도시간에 옆 친구와 장난치기, 진실하게 헌금하기, 단정한 자세 등

〈필요한 것〉

〈버려야 할 것〉

2 위에서 정리한 참된 예배를 위해 〈필요한 것〉과 〈버려야 할 것〉을 이용해서 나의 '예배 결단문'을 완성해보세요. 그리고 반 친구들과 나의 결단을 나누는 시간을 가져볼까요?

하나님, 저는 이제부터, ______________________
______________________ 예배를 드리겠습니다.
○○교회 예배대장 ○○○ 올림!

(예 : 하나님, 저는 이제부터 예배시간에 게임기를 보거나 주보 접기를 하지 않고, 제 마음을 다해 예배 드리겠습니다.)

말씀을 생각하며 기도해요

거룩하신 하나님, 우리를 찾아와 주신 예수님으로 인해 참된 예배를 드릴 수 있게 해 주셔서 감사합니다. 우리가 예배 드릴 때 성령님 안에서, 그리고 예수님 안에서 온 마음과 정성을 다해 예배드리게 도와주세요. 불필요한 것들을 버리고, 하나님을 기대하는 아름다운 마음과 자세로 거룩한 예배, 하나님이 기뻐하시는 예배를 드릴 수 있게 도와주세요. 예수님의 이름으로 기도합니다. 아멘.

하나님께 모든 것을 드려 예배해요!
(출애굽기 35:30~38:23)

쏘옥! 말씀 이야기

애굽에서 나온 이스라엘 사람들이 광야생활을 할 때 하나님께서는 시내 산에서 모세에게 **성막**을 만들라고 하셨어요. 하나님의 백성들이 모여 하나님을 예배할 수 있는 곳, 또한 하나님께서 이스라엘 사람들을 만나시는 곳으로 성막을 만들기로 하였지요.

"난 성막을 만드는 일에 내가 가진 금과 은을 드릴 거예요."

"난 청색, 자색, 홍색 실을 가져왔어요."

"여기 염소 털과 해달의 가죽들과 각종 향품을 가져왔어요."

사람들은 자기들이 가진 소유 중에 성막을 만드는 데 필요한 것들을 가지고 왔어요. 그랬더니 성막을 만들고도 남을 정도로 풍족한 예물이 모였답니다. 그리고 성막 안의 여러 기구들을 만들 수 있는 성막 기술자 브살렐과 오홀리압을 세웠어요. 하나님께서는 브살렐과 오홀리압에게 지혜를 풍성하게 부어주셨지요.

"하나님이 나에게 각종 금속을 다룰 줄 아는 재능과 깎고 새길 줄 아는 재능을 주셨으니 이것을 하나님을 위해 써야지!" "하나님이 나에게 조각하는 재능과 수놓고 실을 짜는 재능을 주셨으니 성막 안의 기구들을 멋지게 장식하고 휘장을 만들며 이 재능을 하나님을 위해 써야지!"

브살렐과 오홀리압은 하나님이 주신 지혜와 재능으로 열심히 성막을 만들었어요. 이스라엘 사람들은 하나님의 뜻을 따라 성막을 만들었어요. 자신이 가진 것들을 하나님을 위하여 기꺼이 내어 놓았지요. 또 브살렐과 오홀리압은 성막을 만드는 일에 하나님께서 주신 재능을 사용하였어요. 하나님의 뜻에 따라 자신들의 재능을 발휘하며 하나님을 예배했답니다.

아하! 나는 성경박사!

1 모세는 하나님의 명령에 따라 성막을 만들 것을 백성들에게 명령했어요. 성막은 무엇을 하는 장소인가요?

2 애굽에서 나온 이스라엘 사람들은 함께 모여 하나님을 예배하고 하나님을 만나는 장소로 성막을 만들기로 하였지요. 이때, 자신의 재능을 드려 성막을 만드는 일을 한 사람은 누구인가요?

○○○과

○○○○

꼬마 말씀사전

성막 : 출애굽 이후 여호와 하나님께서 그의 백성을 만난 곳이었어요. 성막은 이후 성전의 모델이 되기도 했답니다. 이스라엘 백성이 광야 생활에서부터 솔로몬의 성전이 완성되기 전까지 하나님께 예배를 드렸던 장소를 말해요.

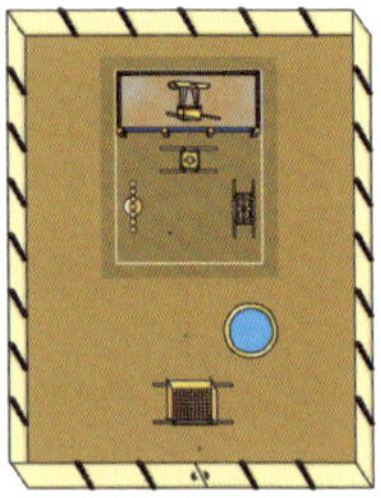

성막 안에는 어떤 것이 있었을까요?

- 번제단 : 희생제사에 드릴 제물을 태우는 곳이었어요. 번제를 드리며 자신의 죄를 돌이키며 회개했지요.
- 물두멍 : 제사장들이 제사를 위하여 자기 몸과 제물을 씻는 청동 대야예요. 이곳에서 몸을 씻으며 몸과 마음을 깨끗이 했답니다.
- 이 외에도 금촛대, 분향단, 떡상, 법궤 등이 있었답니다.

가자, 세상으로!

1 내가 가진 모든 것을 하나님께 드리는 것이 참된 예배예요. 내가 드릴 수 있는 가장 귀한 것은 무엇이 있는지 생각해보아요. 그리고 아래의 "내가 드리는 가장 귀한 예배"에 적어보아요.

내가 드리는 가장 귀한 예배

2 우리의 삶에서 하나님을 기쁘시게 하는 모든 순간이 바로 예배랍니다. 재미있는 게임을 하면서 하나님께 드릴 것들이 무엇이 있는지 더 생각해보세요. (아이엠 그라운드 변형 게임)

● 진행방법 :

① 어린이들이 동그랗게 앉아 순서를 정한다.
② "아이엠 그라운드 나의 귀한 예배~"라는 구호에 맞춰 4박자 박수를 친다.
③ 한 사람 씩 순서대로 돌아가며 4박자 박수에 맞춰 자신이 하나님께 드릴 것들을 소개한다.
(예 : 노래, 창의력, 마음, 시간, 봉사, 청소 등 어떤 것이든지 가능하다)
④ 한 바퀴가 돌아 모든 사람의 소개가 끝났으면 4박자 박수에 맞춰 첫 사람이 다른 사람 한 명을 지명한다.
"아이엠 그라운드 나의 귀한 예배~ 청소 셋!"
⑤ "청소 셋"이라고 지명 받은 사람은 4박자에서 한박자를 쉬고, "청소 청소 청소"하고 세번 외친다.
그리고 바로 다른 사람을 지명한다. "봉사 둘!"
⑥ 위의 방법이 어려운 저학년들은 단순한 아이엠 그라운드 게임으로 진행한다. "아이엠 그라운드 나의 귀한 예배~ 찬양"

말씀을 생각하며 기도해요

하나님! 나의 생각, 나의 마음, 나의 몸, 나의 재능, 나의 모든 것을 드려 하나님을 예배하기를 원합니다. 매 순간 하나님을 생각할 수 있게 도와주세요. 하나님을 기억하며 하나님을 기쁘시게 하는 예배의 삶을 살도록 나를 도와주세요. 예수님의 이름으로 기도합니다. 아멘!

용서

예수님처럼 용서할래요!
(마태복음 18:21~22, 누가복음 23:34)

쏘옥! 말씀 이야기

어느 날, 예수님의 제자인 **베드로**가 예수님께 용서에 대해서 질문했어요. "예수님, 만약에 저에게 잘못한 사람이 있으면 몇 번 정도 용서를 해 주면 될까요? **일곱 번까지 용서**해 주면 될까요?"
베드로의 질문을 들은 예수님은 말씀하셨어요.
"일곱 번까지가 아니라 일곱 번씩 일흔 번까지 라도 용서해 주어야 한단다."
490번 용서를 하라는 것이 아니라 나에게 잘못한 사람을 계속해서 용서해 주어야 한다는 말씀이에요. 예수님은 항상 용서에 대해서 제자들과 사람들에게 말씀하시고 기도로도 가르쳐주셨어요.
"나쁜 사람과 맞서지 마라. 만일 누가 네 오른쪽 뺨을 때리거든 다른 뺨도 돌려대라."
"만일 너희가 다른 사람의 잘못을 용서하면, 하나님도 너희의 죄를 용서해 주실 것이다."
"우리가 우리에게 잘못한 사람을 용서해 준 것같이 우리의 죄를 용서하여 주시옵고…"
이렇게 말씀과 기도로 용서를 가르쳐주신 예수님은 말씀만 하신 것이 아니고 용서를 직접 보여 주셨어요. 얼굴에 침을 뱉고, 주먹과 손바닥으로 때리는 사람들에게도, 예수님을 십자가에 못 박는 군인들과 예수님을 **조롱**하는 사람들을 향해서도 예수님은 하나님께 그 사람들을 용서해 달라는 기도를 하셨어요. 말씀과 기도로 용서를 가르쳐 주신 예수님은 지키라고만 말씀하지 않으시고 끝까지 용서를 직접 보여 주셨어요. 용서는 잘못을 덮어주는 거예요. 진정한 용서는 상대방의 잘못을 너그럽게 감싸주고 이전의 사랑을 다시 주는 것이에요.
예수님은 삶을 통해 우리에게 용서를 기르쳐 주셨어요.

아하! 나는 성경박사!

1 베드로는 자기에게 잘못한 사람을 몇 번이나 용서해 주어야 하는지 예수님께 질문했어요. 예수님은 몇 번을 용서하라고 하셨는지 빈칸에 숫자를 써 보세요. (마 18:22)

× 7

=

2 십자가를 지신 예수님을 사람들은 비웃고 조롱했어요. 그런 사람들을 보시며 예수님은 어떻게 말씀하셨나요?

꼬마 말씀사전

베드로 : 베드로라는 이름의 뜻은 반석입니다. 베드로는 갈릴리 바다에서 고기를 잡는 어부였지만 예수님을 만나고 예수님의 제자가 되었습니다. 열 두 제자 중에 으뜸인 제자가 되었지만 예수님이 잡히셨을 때 세 번이나 예수님을 모른다고 부인했습니다. 부활하신 예수님은 그의 잘못을 꾸짖지 않으시고, 너그럽게 받아주셨습니다. 이후 베드로는 많은 사람들을 전도하며 복음을 전하였습니다.

일곱 번의 용서 : 예수님이 살던 시대에 존경받는 랍비들은 잘못한 사람을 세 번만 용서해 주면 된다고 가르쳤습니다. 베드로는 이보다 많은 일곱 번의 용서가 가장 많이 용서해 주는 것이라고 생각하고 예수님께 말한 것입니다.

조롱 : 다른 사람을 비웃고, 놀리는 것을 말합니다.

가자, 세상으로!

1 주사위를 굴려 나온 칸의 말씀을 찾아 큰 소리로 읽어 보아요.

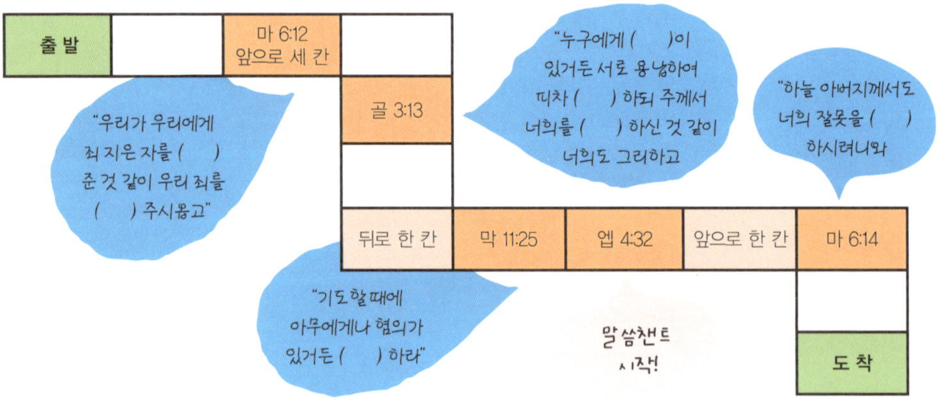

2 위에서 찾은 말씀 중에 한 구절을 종이에 적어 책갈피를 만들고, 가지고 다니며 말씀으로 힘을 얻어요.

◌준비물 : 5×12cm 색 머메이드지, 펀치, 가는 색 리본, 펜, 손코팅, 말씀카드(부록)

◌만드는 방법 :

① 색 머메이드지에 성경말씀을 적는다.
② 머메이드 윗부분을 펀치로 뚫는다.
③ 구멍에 리본으로 매듭을 짓는다.
④ 부록을 이용하여 말씀책갈피를 만들고 손코팅을 할 수 있다.

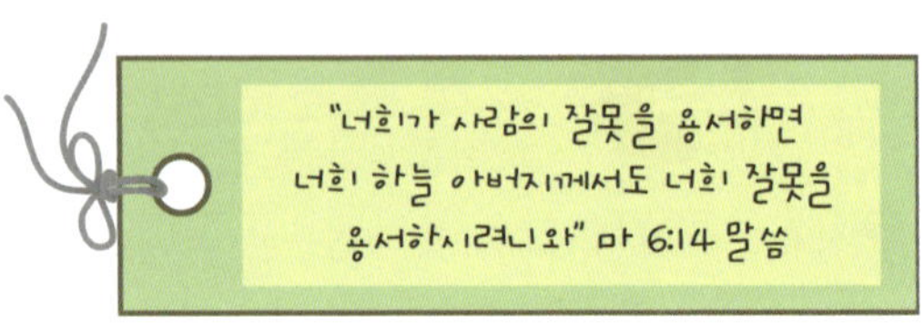

말씀을 생각하며 기도해요

하나님, 화가 날 때 억울할 때도 저의 마음을 다스려주시고, 예수님은 어떻게 하셨는지 생각해 볼 수 있게 해 주세요. 예수님께서 보여주신 용서를 기억하며 예수님을 본 받아 사랑하고 용서하며 살아가게 도와주세요. 예수님의 이름으로 기도합니다. 아멘.

용서

용서, 내가 먼저 섬기는 행동
(창세기 50:15~21)

쏘옥! 말씀 이야기

아버지 야곱의 장례가 끝나자 형들은 지난 날 자신들이 동생 요셉을 미워하고, 노예로 팔았던 일 때문에 요셉이 자신들을 죽이지 않을까 걱정이 되었어요. 그래서 요셉에게 찾아가 아버지 야곱이 "너에게 나쁜 행동을 했을지라도 형들을 용서하라"고 말씀하신 것을 전하기로 했어요. 요셉을 찾아간 형들은 자신들을 용서해달라고 말했어요. 요셉은 형들의 이야기를 듣고 울었어요. 형들은 요셉 앞에 엎드려 "우리는 당신의 종입니다"라고 말했어요.
형들의 이야기를 들은 요셉은 이렇게 말했어요. "형들은 나를 해치려고 했지만 하나님은 형들의 행동을 선한 것으로 바꾸어 오늘날 내가 이집트의 **총리**가 되어 많은 백성의 생명을 구원하게 하셨습니다. 그러므로 두려워하지 마십시오. 제가 당신과 당신의 자녀들을 돌보겠습니다." 요셉은 자신에게 일어났던 어렵고 힘들었던 일들 역시 하나님의 계획 속에 있었음을 깨달았어요. 그리고 언제나 자신과 함께 해주시는 하나님을 생각하며 더 이상 형들을 미워하지 않고 용서할 수 있었어요. 요셉은 하나님이 주신 용기와 지혜로 가족과 나라를 구하는 사람이 되었어요.

아하! 나는 성경박사!

1 다음 중 성경의 내용과 같은 것은 ○, 틀린 것은 ×표 해주세요. ×표한 것은 바르게 고쳐 보세요.

① 아버지가 돌아가시자 형들은 요셉이 자신들을 죽일까봐 걱정했다. (○ ×)
② 야곱이 이집트의 총리가 된 것은 많은 백성의 생명을 구원하기 위함이었다. (○ ×)
③ 야곱의 장례 후 요셉은 형들과 형의 자녀들도 돌보기로 약속했다. (○ ×)
④ 야곱은 요셉에게 형들을 절대 용서하지 말라고 유언했다. (○ ×)

2 하나님이 요셉을 이집트의 총리로 삼으신 이유에 대해 요셉이 형들에게 이야기 해주었어요. 말씀구절을 보면 알 수 있어요. 먼저 말씀구절에 들어갈 '거꾸로 단어' 들을 찾아 다시 올바른 단어로 바꾸어 만들어 보세요. 그리고 요셉이 총리가 될 수 있었던 이유를 완성해 보아요.

〈보기〉 악, 선, 악, 책, 실, 득, 노, 탁, 금, 이, 개, 강, 산, 연, 랑자, 명생, 서용, 랑사, 령명, 명사, 원구, 다유, 녀자, 온므시, 님령성, 님나하, 자로위, 벤우르, 사호변, 가자십, 임라브에, 임라스미, 게답름아, 글벙글싱, 다되화변

"당신들은 나를 해하려 하였으나 (   )은
그것을 (   )으로 바꾸사 오늘과 같이 많은 백성의 (   )을
(   )하게 하시려 하셨나니" (창 50:20)

꼬마 말씀사전

총리 : 대통령(옛날에는 왕)의 명령을 받아 국가의 일을 하는 사람을 말합니다. 나라의 전체 일을 맡는 직책으로 당시 이집트에서는 왕 다음으로 가장 높은 직책이랍니다.

가자, 세상으로!

1 우리가 잘못한 사람을 용서하기란 쉬운 일이 아니에요. 그래서 우리는 용서하기 위해서 준비해야 할 것이 있어요. 다음 그림을 보고 용서할 때 꼭 필요한 것 3개를 선택해서 용서 주머니에 넣어주세요. 그리고 왜 그렇게 생각하는지 함께 나누어 보도록 해요.

• 사랑의 마음	
• 이해의 마음	이 해
• 맛있는 음식	
• 용서할게!	
• 화내지 않기	
• 기도하기	
• 말씀읽기	
• 인내하기	忍
• 기다리기	기다리기

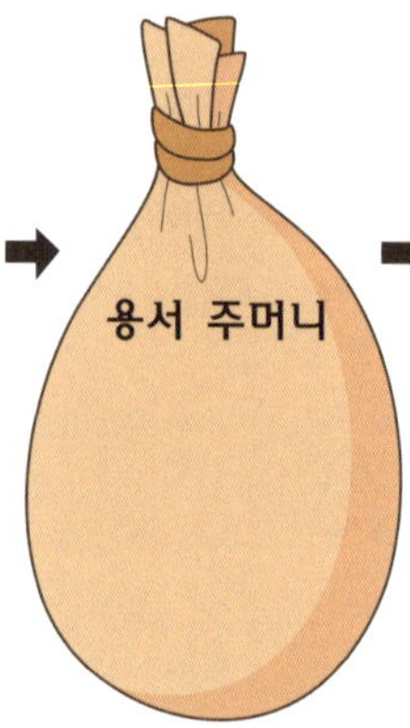

Why?

2 내 마음에 용서하는 마음은 키우고, 용서하지 못하는 마음은 버려요.

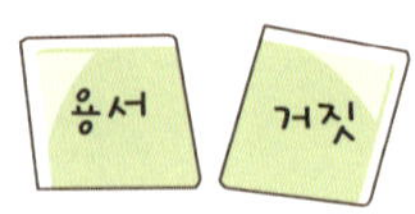

◌ 준비물 : 색종이, 가위, 필기도구

◌ 활동방법 :

① 색종이를 삼각형 모양으로 반을 잘라 어린이들에게 6개씩 나누어 준다.
② 색종이에 용서하기 힘든 일들(거짓말, 욕, 이간질 등) 3개와 '용서' 단어 3개를 쓴다.
③ 동그랗게 둘러앉아 가위바위보로 가장 먼저 할 사람을 정한다.
④ 이긴 사람이 오른쪽에 앉은 친구의 색종이 중에 하나를 뽑는다. 이때 용서하기 힘든 일이 적힌 색종이가 나오면 자신의 것과 함께 바닥에 내려놓는다. 단, 자신의 것끼리는 짝이 될 수 없다.
⑤ 시계 방향으로 진행하고, 용서하기 힘든 일들을 다 내려놓은 사람이 승리한다. 용서하기 힘든 일들을 다 내어버리고 용서하는 어린이가 될 것을 다짐한다.

말씀을 생각하며 기도해요

하나님, 요셉이 형들의 잘못을 용서해준 것처럼 저도 저에게 잘못한 친구들의 행동을 용서할 수 있는 마음을 주세요. 그리고 제가 잘못한 행동이 있다면, 먼저 잘못했다고 말할 수 있는 용기를 주세요. 이제 용서하고 용서 받을 줄 아는 용기와 지혜를 가진 어린이가 되겠습니다.
예수님의 이름으로 기도합니다. 아멘.

놀라워요, 하나님의 사랑!
(요한일서 4:7~10)

쏘옥! 말씀 이야기

아주 먼 옛날, 하나님의 사랑이야기가 시작되었어요.
하나님은 창조물 중 유일하게 하나님을 닮은 모습으로 사람을 만드셨어요. 사람이 '선악을 알게 하는 나무의 열매'를 먹고 죄를 지어 숨었을 때도 하나님은 사람들을 먼저 찾아내시고 **가죽옷**도 입혀주셨어요.
하나님은 아브라함이 미처 하나님을 알기도 전에 아브라함을 부르셨죠. 아브라함이 복이 되게 하시고 그를 통해 온 세상에 복을 주실 것이라 말씀하셨어요.
애굽에서 종살이를 하던 이스라엘은 너무 힘들어서 매일 자신들을 살려달라고 소리쳤어요. 하나님은 이스라엘의 고통을 들으시고 이스라엘을 **약속의 땅**으로 인도하셨어요. 하나님의 사랑은 우리에게 이렇게 나타났어요.
그러나 사람들은 죄 때문에 하나님과 점점 멀어져 고통 받고 괴로워했어요. 죄의 문제를 스스로 해결할 수 없는 사람들은 죄 때문에 결국 죽을 수밖에 없었지요. 하나님은 이렇게 죄로 고통 당하는 사람들을 내버려두지 않으셨어요. 하나님은 하나뿐인 아들, 예수님을 세상에 보내주셨어요. 우리를 살리기 위해 우리가 감당해야 할 죽음을 예수님이 대신 감당하게 하셨어요.
사랑은 여기에 있어요. 우리가 하나님을 사랑한 것이 아니라 하나님이 우리를 사랑하신 거예요. 우리가 미처 하나님을 알기 전에 우리를 먼저 사랑하신 것이지요. 사람들이 깨닫기도 전에 하나님은 그 아들의 생명까지 내어 주셨어요. 하나님은 사랑이시랍니다.

아하! 나는 성경박사!

1 하나님의 사랑 이야기를 만나보아요. 하나님의 사랑이 나타난 사건들을 살펴보며 하나님의 사랑이 어떻게 나타났는지 질문에 답하거나, 빈칸에 알맞은 말을 넣어보세요.

하나님은 하나님의 ◯◯대로 사람을 창조하셨어요.

고통 받는 이스라엘을 하나님께서는 어디로 인도하셨나요? ◯◯◯땅

죄 때문에 죽을 수밖에 없는 사람들을 위해 누구를 보내셨나요? ◯◯◯

하나님께서는 아브라함에게 ◯이 되게 해주신다고 하셨어요.

2 하나님은 우리를 구원하기 위해, 하나뿐인 아들, 예수님을 보내주셨어요. 예수님을 통해 나타난 하나님의 사랑을 생각하며 빈 칸을 채워 보세요.

(　　　)은 여기에 있어요. 우리가 하나님을 사랑한 것이 아니라 하나님이
우리를 (　　　)하신 거예요. 우리가 미처 하나님을 알기 전에 우리를 먼저
(　　　)하신 것이지요. 사람들이 깨닫기도 전에 하나님은
그 아들의 생명까지 내어 주셨어요. 이것이 하나님의 (　　　)이에요.

꼬마 말씀사전

가죽옷 : 아담과 하와가 죄를 짓고 부끄러워 숨어있었을 때, 하나님은 아담과 하와에게 가죽옷을 입혀주셨어요. 하나님은 죄를 지은 사람들에게까지 가죽 옷을 입혀주심으로 그 사랑을 보여주셨어요.

약속의 땅 : 애굽을 떠난 이스라엘이 살게 될 곳을 의미하는 것으로 가나안 땅을 이야기해요.

가자, 세상으로!

1 하나님의 사랑을 받은 우리! 이제 하나님께 우리의 사랑을 고백해 보아요. 하나님께 보내는 사랑의 편지를 적어 보세요.

2 우리 삶에 나타난 하나님의 사랑이야기를 들려주세요. 하나님의 사랑이야기가 담긴 파노라마 북을 만들어 봅시다.

◌ 준비물 : 색상지, 풀, 가위, 색연필, 부록

◌ 진행방법 :

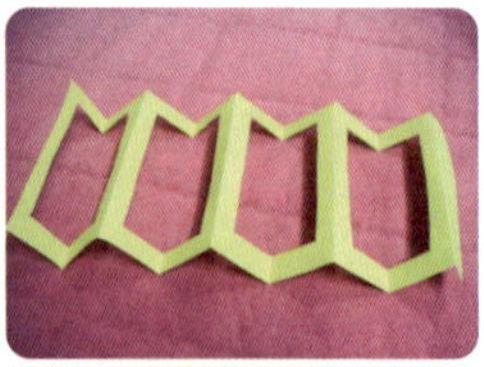

① 색상지를 길게 반으로 잘라 둘로 나눈다.

② 반으로 자른 색상지 한 장을 옆으로 길게 놓은 상태에서 아코디언 접기로 8면을 분할한다.

③ 남은 색상지도 옆쪽에 여백을 주지 않은 상태에서 아코디언 접기로 8면을 분할한다.

④ ③의 색상지의 두 면당 한 장면씩을 자기의 삶 속에 나타난 하나님의 사랑이야기를 그려 꾸민다.

⑤ 사랑이야기가 완성되면 뒷면에 풀칠을 하여 네 면의 중심을 가운데에 맞춰 십자 모양이 되도록 붙인다.

⑥ 가위로 ②의 색상지에 두 면당 한 개씩의 창을 내고 각 창에 네 장면의 사랑이야기 제목을 적는다.

⑦ ④의 파노라마 이야기가 ⑥의 창을 통해 보이도록 넣고 ⑥의 색상지 끝을 붙인다.

⑧ 부록자료를 활용해 파노라마 북을 만들 수 있다.

말씀을 생각하며 기도해요

사랑이신 하나님! 우리가 하나님을 알기 전에 우리를 먼저 불러주시고 사랑해주셔서 감사합니다. 우리를 살리시기 위하여 하나뿐인 아들, 예수님까지 내어주신 하나님의 사랑을 기억합니다. 매일 삶 속에서 하나님의 사랑을 느끼며 예수님을 통해 보여준 하나님의 최고의 사랑을 다른 친구들에게 전할 수 있게 인도해주세요. 예수님의 이름으로 기도합니다. 아멘!

하나님의 사랑

하나님 사랑으로 넉넉히 이겨요!
(로마서 8:31~39)

쏙옥! 말씀 이야기

바울이 복음을 전하기 위해 선교여행을 시작했어요. 바울은 로마에 있는 교회 성도들에게 예수님을 전하고, 어떻게 하면 예수님을 잘 믿을 수 있는지 알려주려고 편지를 썼어요. 특별히 예수님을 믿는다는 이유로 어려움과 고통을 겪는 로마교회 교인들에게 어떤 어려움 속에서도, 우리를 하나님의 사랑에서 끊을 수 있는 것은 없다고 알려주었어요.

하나님이 우리 편이신데 누가 우리를 반대할까요? 하나님의 아들을 아끼지 않으시고 우리 모두를 위하여 내주신 분은 모든 것을 우리에게 선물로 주지 않으실까요? 하나님께서 택하신 사람들을 고소할 수 있나요? 하나님께서 의롭게 해주셨는데 죄가 있다고 할 수 있나요? 예수님은 죽으셨다가 다시 살아나셔서 하나님의 오른편에 계시며, 우리를 위하여 대신 기도해 주고 계십니다. 그러므로 누가 우리를 그리스도의 사랑에서 끊을 수 있을까요? 환난, **곤고**, 핍박, 굶주림, 헐벗음, 위협, 칼인가요? 성경말씀에 '우리는 종일 주님을 위하여 죽임을 당하고, 도살 당할 양과 같이 여김을 받았습니다.' 라고 기록되어 있어요. 그러나 우리는 이 모든 일에서 우리를 사랑하여 주신 그분을 힘입어서, 이기고도 남음을 확신해요. 죽음도, 삶도, 천사들도, 권세자들도, 현재 일도, 장래 일도, 능력도, 높음도, 깊음도, 그 밖의 어떤 **피조물**도 우리를 우리 주 예수 그리스도 안에 있는 하나님의 사랑에서 끊을 수 없어요.

아하! 나는 성경박사!

1 우리가 예수님을 믿으면서 우리에게 찾아오는 고통, 위험, 어떤 일에도 우리가 이겨낼 수 있는 이유는 무엇일까요? 다음의 조각들을 번호 순서에 맞게 그려보면 어떤 그림이 완성될 거예요. 완성된 그림에서 우리가 어려움 속에서 승리할 수 있는 이유를 찾아 생각을 나눠보세요.

예) 하나님의 사랑으로 이겨요.

①

②

③

④

⑤

⑥

	①	
③	②	⑤
	④	
	⑥	

꼬마 말씀사전

곤고 : 이 단어는 헬라어 '좁은 장소', '좁은 방'이라는 말에서 유래되었어요. 그래서 상징적으로 곤란하고 괴로움, 고통을 뜻하는 단어가 되었어요.

피조물 : 하나님께서 만드신 모든 것, 우주와 공간, 지상, 지하, 물속에 있는 보이거나 보이지 않는 모든 것, 사람까지도 다 포함되어요.

가자, 세상으로!

1 내게도 어려운 일이나 유혹이 찾아올 때가 많이 있어요. 요즘 내가 겪고 있는 어려운 일이나 유혹에는 어떤 것들이 있는지 적어 보아요.

2 그러나 어떤 어려움이 생기더라도 하나님의 사랑에서 우리를 끊을 수 있는 것은 아무것도 없습니다! 아래의 말씀을 읽으면서 다짐해 보도록 해요! 빈칸에 내 이름을 적어보고, 큰 소리로 읽어 보세요!

그러나 ○○는 이 모든 일에서 ○○을(를)
사랑하여 주신 그분을 힘입어서, 이기고도 남음을 확신해요.

3 부모님이 교회에 다니지 못하게 하는 친구들이나, 그밖에 다른 어려움을 겪고 있는 친구들에게 응원메시지를 보내보아요. 하나님의 사랑으로 넉넉히 이길 수 있다고 격려해 보아요! 그리고 그 친구들을 위해 기도해요!

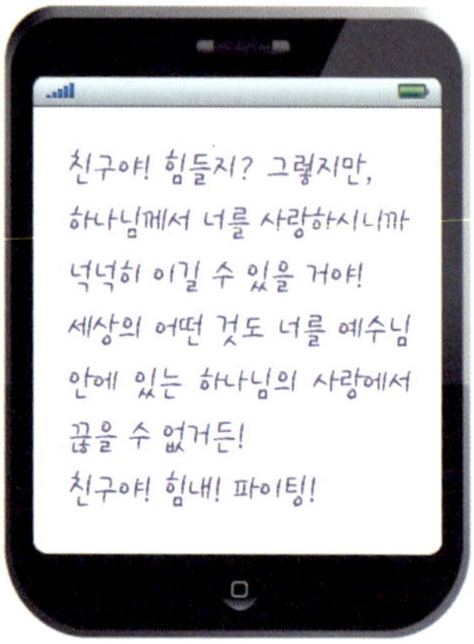

말씀을 생각하며 기도해요

하나님, 우리들이 죄로 인해 죽을 수밖에 없었지만, 예수님을 보내주셔서 우리에게 하나님의 사랑을 보여주셔서 감사해요. 어떤 어려운 일이 오거나 힘든 일이 와도 하나님의 사랑이 우리와 함께 하심을 믿어요. 이 믿음이 흔들리지 않도록 도와주세요. 예수님의 이름으로 기도합니다. 아멘.

예수님을 따르는 그 길!
(누가복음 4:16~21)

쏘옥! 말씀 이야기

예수님은 예수님이 자라나신 나사렛에 오셨어요. 그래서 늘 하시던 대로 안식일에 **회당**에 들어가셨어요. 그리고 **선지자** 이사야의 두루마리를 건네받아 그것을 펴서 읽으셨어요.

"주의 영이 내게 내리셨다. 주께서 내게 기름을 부으셔서 가난한 사람들에게 기쁜 소식을 전하게 하셨다. 주께서 나를 보내셔서 포로 된 사람들에게 자유를, 눈먼 사람들에게 다시 보게 함을 선포하고, 억눌린 사람들을 풀어주고, 주의 은혜의 해를 선포하게 하셨다."

예수께서 두루마리를 말아서 시중드는 사람에게 되돌려 주시고, 앉으셨어요. 회당에 모인 사람들의 눈이 모두 예수님에게로 향했어요. 예수님은 말씀하셨어요. "이 성경 말씀은 너희가 듣는 가운데서 오늘 이루어졌다."

예수님은 구원의 사역을 시작하기 전에 성경에 예언된 말씀을 읽으시고, 그 말씀대로 사역을 시작하셨어요. 예수님은 아픈 사람들을 찾아가 그들을 고쳐주셨고, 외로운 사람들을 찾아가 그들의 이야기를 들어주는 친구가 되셨어요. 심지어는 죽은 사람까지 살려주셨지요. 이러한 예수님의 사역은 '십자가'에서 완성되었답니다. 우리를 죄와 죽음으로부터 구원하시고, 영원한 생명을 주시기 위해 십자가 죽음을 준비하면서 예루살렘성에 들어가셨어요.

아하! 나는 성경박사!

1 예수님은 이 땅에 오셔서 많은 사역을 하셨어요. 이 모든 것은 우리를 살리기 위한 구원의 사역이었지요. 그림을 보고 어떤 사역인지 적어 보세요.

2 예수님의 이러한 구원 사역은 성경에 미리 예언된 말씀이었어요. 말씀을 찾아서 빈칸을 완성해 보세요! 그리고 이 말씀은 구약성경 어느 책에 있는 말씀인가요?

"주의 성령이 내게 임하셨으니 이는 가난한 자에게 복음을 전하게 하시려고
내게 기름을 부으시고 나를 보내사 ◯◯ ◯ 자에게 ◯◯를,
◯ ◯ 자에게 ◯◯ ◯◯ ◯을 전파하며 ◯◯ ◯를 ◯◯롭게 하고
주의 은혜의 해를 ◯◯하게 하려 하심이라" (누가복음 4:18~19)

꼬마 말씀사전

회당 : 안식일이나 다른 정한 날에 기도하고, 성경 읽고, 어떤 특정한 사람들로부터 가르침을 받는 장소였어요. 또한 모임을 위한 장소로 쓰이기도 하고, 어린이들을 위한 학교로 사용되기도 했어요.

선지자 : 하나님이 주신 말씀을 백성들에게 전하는 사람들이에요. 예수님이 오시기 전 구약시대에는 하나님의 말씀을 전해주던 선지자들이 많이 있었어요. 대표적인 선지자로는 이사야와 예레미야, 에스겔, 호세아 등이 있답니다.

가자, 세상으로!

1 내가 생각하는 구원은 어떤 의미인지 나만의 구원사전을 만들어 보아요.

예수님이 이 땅에 오셔서 많은 일을 하시고, 십자가에 죽으셨어요. 이 모든 것은 우리를 구원하기 위해서입니다. 내가 생각하는 구원은 어떤 것인지 나의 말로 써보도록 해요.

구원은,

① 하나님이 우리를 사랑하셔서 예수그리스도의 삶과 죽음과 부활을 통하여 우리를 죄와 죽음에서 구하신 것이에요.

② 우리를 위해 병을 고쳐주시고, 먹을 것을 주시고, 친구가 되어 주시는 것 모두가 구원이다.

③

2 이번 한 주간 예수님이 하신 구원의 사역을 생각하면서, 예수님이 행하신 일 중에 내가 따라 할 수 있는 것들을 적어 보아요. 그리고 일주일 동안 실천하고 지켜보도록 해요.

준비물 : 하드보드지, 클레이 점토, 실천 카드(부록)

① 하드보드 지를 A4 1/2 크기로 잘라서 가운데에 실천카드(부록)를 붙인다. 실천카드를 붙일 때에는 액자의 테두리 부분은 남겨놓고 붙인다.

② 클레이 점토로 액자의 테두리를 꾸민다.

③ 액자가 완성되면 집에 돌아가서 한 주간 구원 사역을 실천하고, 확인도장을 찍는다.

	월	화	수	목	금	토
구원사역을 따라						
말씀	마 9:27~35	막 5:21~34	막 5:35~43	눅 19:1~10	막 6:32~44	눅 23:33~46
확인						

〈실천카드〉

말씀을 생각하며 기도해요

하나님, 감사합니다. 우리들은 죄로 인해 죽을 수밖에 없었지만, 예수님을 보내주셔서 우리가 구원을 받게 해주셨어요. 가장 높은 곳에서 나를 구원하기 위해 오신 예수님 감사해요. 예수님이 이 땅에 오셔서 하셨던 일들을 기억하면서 저도 예수님을 따라 살겠어요. 예수님의 이름으로 기도합니다. 아멘

부활의 기쁜 소식을 전해요
(마태복음 28:1~8)

쏘옥! 말씀 이야기

부활의 이른 아침이었어요. 예수님의 무덤을 지키던 **경비병**들은 큰 지진과 함께 나타난 천사를 보고 두려워 떨었어요. 그때, 막달라 마리아, 야고보의 어머니 마리아, 살로메가 예수님에게 향품을 바르려고 왔다가 빈무덤 앞에서 천사를 만났어요. 천사가 말했어요.
"예수님을 찾고 계신가요? 예수님은 여기 계시지 않아요. 예수님은 말씀하시던대로 살아나셨어요. 이 기쁜 소식을 제자들에게 알려주세요."
여인들은 놀라운 소식에 무섭고 떨렸어요. 하지만 빈 무덤을 보고 예수님이 부활하신 것을 믿게 되었어요. 여인들은 부활하신 예수님의 소식을 전하기 위해 있는 힘껏 달려갔어요. 그런데 그때였어요. "잘 있었느냐?" 갑자기 반가운 목소리가 들렸어요. 여인들은 가던 길을 멈추고 고개를 들었어요. 바로 예수님이셨어요. 부활하신 예수님이 부활의 기쁜 소식을 전하러 가는 여인들을 직접 만나러 오셨어요. 예수님은 말씀하셨어요.
"제자들에게 부활의 기쁜 소식을 전하거라. 그리고 **갈릴리**로 가라고 말하거라."
여인들은 마을로 달려가 제자들에게 부활하신 예수님의 이야기를 전했어요. 부활하신 예수님의 소식을 들은 제자들은 갈릴리에서 예수님을 만났어요. 물고기를 잡으며 살아가던 베드로에게도 부활하신 예수님은 찾아오셨어요. 베드로는 다시 사신 예수님을 만나고 구원과 생명이신 예수님을 전할 용기를 얻게 되었어요. 베드로는 다른 제자들과 함께 발길이 닿는 곳마다 사람들에게 부활이요 생명이신 예수님을 전하는 사람이 되었어요.
예수님의 부활 소식은 점점 더 많은 사람들에게 기쁨을 안겨주며 퍼져나가게 되었답니다.

아하! 나는 성경박사!

1 다음 문장이 맞으면 ○, 틀리면 × 표시를 하세요.

① 경비병들은 천사를 보고 환영했다. ( )
② 예수님을 만나러 간 여인들의 이름은 막달라 마리아, 야고보의 어머니 마리아, 살로메였다. ( )
③ 부활하신 예수님은 여인들에게 제자들이 엠마오로 갈 것을 전하라고 했다. ( )
④ 부활하신 예수님을 만난 베드로는 그 자리에서 예수님을 모른다고 세 번 부인했다. ( )

2 해당되는 인물들이 사람들에게 어떤 소식을 전하였는지 내용을 적어 보세요.

〈천사〉

〈마리아〉

〈베드로〉

꼬마 말씀사전

경비병 : 예수님의 시신이 사라질까봐 무덤 앞에서 지키는 임무를 맡은 병사들이에요. 예수님의 부활 소식을 들었지만 대제사장들에게 돈을 받고 예수님의 제자들이 예수님의 시신을 가져갔다고 거짓말을 퍼뜨렸어요.

갈릴리 : 갈릴리는 호수인데, 성경말씀에는 바다라고 표현하기도 해요. 성경말씀에는 갈릴리가 자주 나와요. 예수님은 갈릴리에서 베드로, 안드레, 야고보, 요한을 제자로 부르셨어요. 예수님은 풍랑이 일 때, 잔잔하게도 하셨어요. 갈릴리 바다 위를 걸어가시기도 했어요. 부활하신 예수님이 제자들을 만나시고, 고기를 많이 잡게 하신 것도 모두 갈릴리에서 일어난 일이에요.

가자, 세상으로!

1 예수님이 부활하심으로 우리는 구원을 받았어요. 부활의 기쁜 소식을 전해야 해요. 부활의 소식과 우리가 해야 할 일에 대한 아래의 말씀들을 다함께 찾아보고 큰 소리로 읽도록 해요.

게임규칙

❶ 출발 ⇨ 도착까지 칸을 지나면서 모든 말씀을 한 번씩 외쳐보는 게임이다.

❷ 모든 칸은 한 번씩만 지나가야 하고, 되돌아 갈 수 없다.

❸ 단, 가운데 폭탄이 있는 곳은 피해야 한다.

❹ 칸을 지나갈 때 만나는 말씀을 찾아 큰 소리로 읽는다.

2 복된 소식을 전하는 자들의 발은 아름답다고 성경말씀에 나와 있어요. 전도하고 싶은 친구에게 부활하신 예수님을 전하는 발도장 전도지를 만들어서 부활의 기쁜 소식을 전해요.

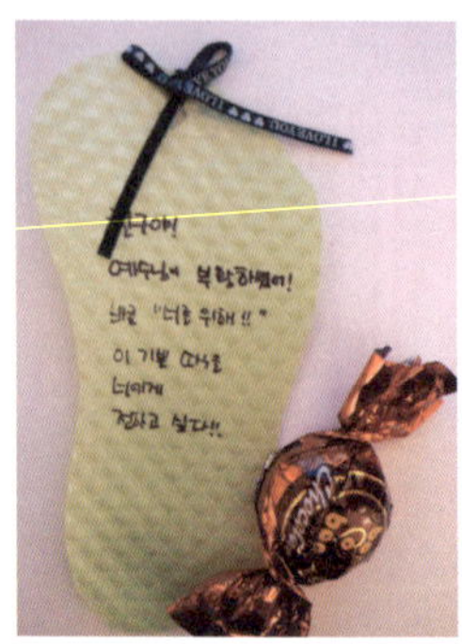

준비물 : 다양한 색깔의 머메이드지(20×30), 가위, 연필, 지우개, 네임펜, 리본끈, 사탕, 부록

만드는 방법 :

① 머메이드지에 나의 발을 대고 본을 그린다.
② 발 모양을 본 뜬 그림을 가위로 오린다.
③ 펜으로 친구에게 전할 예수님의 부활 소식을 자유롭게 적는다.
④ 리본을 달고, 사탕을 붙여서 친구에게 나누어 준다.
⑤ 부록에 있는 발모양으로 전도지를 만들 수 있다.

말씀을 생각하며 기도해요

하나님, 우리에게 부활의 기쁨을 주셔서 감사합니다. 우리는 부활절은 계란을 받고, 신나는 활동을 하는 특별한 날로만 생각할 때도 있었어요. 하나님, 이제부터 부활의 기쁜 소식을 교회에서만 나누지 않고 친구들에게, 주위 사람들에게 전하는 예수님의 어린이가 되게 해주세요. 예수님의 이름으로 기도합니다. 아멘!

존중

어린이를 존중하신 예수님!
(마가복음 10:13~16)

쏘옥! 말씀 이야기

와글와글~, 북적북적~, 예수님이 가시는 곳마다 예수님을 만나려는 사람들로 북적거렸어요. 예수님의 말씀을 듣고 싶은 사람, 예수님께 축복을 받고 싶은 사람, 예수님께 병 고침을 받고 싶은 사람 등 많은 사람들이 예수님을 보기 위해 몰려들었지요.
그 중 어떤 사람들이 어린이들을 예수님께 데리고 와서, 쓰다듬어 주시기를 바랐어요. 그러나 제자들은 어린이를 데리고 온 사람을 꾸짖었어요. 예수님 당시에 어린이들은 **존중**받지 못하던 존재였어요. 그렇기 때문에 어른들도 만나기 어려운 예수님께 아이를 데리고 온 것을 못마땅하게 생각했어요.
그러나 예수님은 어린이를 쫓아내려는 제자들을 꾸짖으셨어요. 그리고 말씀하셨어요.
"어린이들이 내게 오는 것을 허락하고, 막지 말아라. **하나님나라**는 이런 사람들의 것이다. 내가 참으로 너희에게 말한다. 누구든지 어린이와 같이 하나님나라를 받아들이지 않는 사람은 하나님나라에 들어가지 못할 것이다."
예수님은 어린이들을 만나주실 뿐만 아니라 어린 아이와 같이 하나님나라를 받아들여야 한다고 말씀하시며, 어린이들을 존중해주셨습니다. 그리고 그 아이들을 품에 안으시고, 손을 얹어 축복해주셨답니다.

아하! 나는 성경박사!

1 사람들이 예수님이 어린 아이들을 만져주시기를 바라며 데리고 올 때 제자들은 그들을 꾸짖었습니다. 성경이야기를 생각하며 말풍선을 채워보세요.

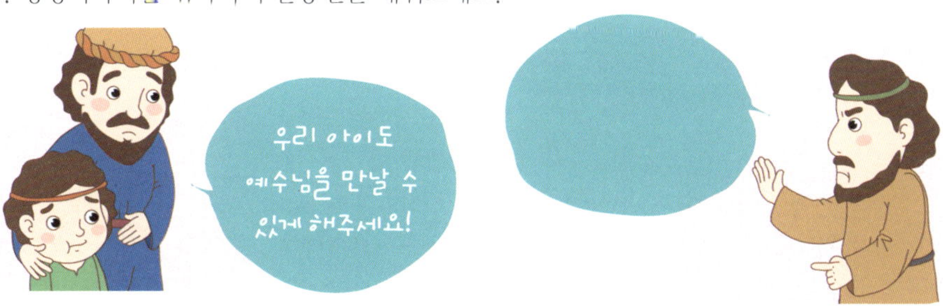

2 위의 성경말씀을 기초로 아래의 그림을 일어난 순서대로 나열해 이야기를 완성해서 친구들에게 들려주세요.

( ) → ( ) → ( ) → ( )

꼬마 말씀사전

존 중 : 사전적 의미는 '높이어 귀하게 대함' 이라는 뜻을 가지고 있어요. 존중은 다른 사람들을 귀하게 여기는 태도로써, 겸손한 마음으로 나보다 남을 낫게 여기는 것을 말한답니다.

하나님나라 : 하나님이 다스리시는 곳을 하나님의 나라라고 한답니다. 예수님께서는 가시는 곳마다 하나님나라를 전파하셨지요. 마태복음에는 하나님나라를 '천국' 이라고 말하고 있습니다.

가자, 세상으로!

1 예수님은 어린이들을 품어 주시고 존중해 주셨어요. 우리들은 예수님의 사랑을 받는 귀한 존재임을 기억하면서 빈 곳에 내 사진을 오려서 붙여보세요. 그리고 아래의 문장을 크게 세 번 외쳐 보세요.

"나는 예수님이 귀하게 여기시는 세상에서 가장 귀한 사람이다!"

2 반별로 사탕 목걸이를 만들어요. 내가 만든 목걸이를 옆에 있는 친구에게 걸어주면서 "너는 소중한 존재야!"라고 말해주세요. 그리고 온 반이 힘을 합쳐 한 사람씩 헹가래를 태워주어요. (단, 선생님들은 어린이들이 장난스럽게 참여하지 않고 진지하고 조심스럽게 임할 수 있도록 각별히 지도해주세요.)

- 준비물 : 사탕 목걸이용 비닐, 사탕, 리본 끈
- 만드는 방법 : ① 사탕목걸이용 비닐에 사탕 5~6개를 넣는다.
  ② 리본 끈을 묶어서 마무리하고, 친구에게 걸어 준다.

말씀을 생각하며 기도해요

우리를 하나님나라 주인공 삼아주신 하나님, 감사합니다. 우리가 하나님의 자녀로, 예수님의 어린이로 당당하게 살아가도록 늘 함께해 주세요. 나뿐만 아니라 친구들 또한 예수님이 귀하게 여기시고 축복하신 사람이란 것을 기억하며, 소중히 생각하고 존중할 수 있게 도와주세요. 예수님의 이름으로 기도합니다. 아멘.

존중

존중, 나를 변화시켜요!
(요한복음 1:45~51)

쏘옥! 말씀 이야기

예수님의 제자가 된 빌립은 예수님을 처음 만나고 너무 기뻐서 자기 친구 **나다나엘**을 찾아가 말했어요.
"우리가 메시아를 만났어. **나사렛** 동네에 사는 요셉의 아들 예수라는 분이야!"
나다나엘은 빌립에게 핀잔을 주며 말했어요.
"나사렛이라고? 말도 안 돼! 나사렛 같은 동네에서 무슨 좋은 일이 일어난단 말이야?"
나다나엘은 빌립의 이야기를 믿을 수 없었어요. 아주 작은 시골 마을인 갈릴리 나사렛에서 이스라엘을 구원할 메시야가 나오는 것은 말도 안 되는 일이라고 생각했어요. 하지만 나다나엘은 확신에 찬 빌립을 따라 갔어요. 그리고 예수님을 만났어요. 예수님은 말씀하셨어요.
"이 사람이야말로 정말 이스라엘 사람으로, 그 안에 거짓이 없는 사람이다!"
나다나엘은 깜짝 놀라 물었어요. "어떻게 나를 알고 계시나요?" "빌립이 너를 부르기 전에 네가 무화과나무 아래 있는 것을 보았단다."
나다나엘은 생전 처음 보는 사람이 자신을 꿰뚫어보고 칭찬해주자 깜짝 놀랐어요. 자신을 깊이 존중해주시는 예수님의 마음을 느낄 수 있었답니다. 나다나엘은 예수님을 향해 이렇게 외치며 고백했어요.
"선생님, 선생님은 하나님의 아들이시요, 이스라엘의 왕이십니다." 예수님은 나다나엘에게 이보다 더 큰 일을 볼 것이리고 말씀해주셨고, 나다나엘은 예수님을 따르는 제자가 되었답니다.

아하! 나는 성경박사!

1 나다나엘은 자신을 알아보고 존중해주는 예수님을 만난 후 달라졌답니다. 나나나엘의 모습이 어떻게 달라졌는지 확인해 보세요! 그리고 나다나엘의 고백을 말풍선에 적어 보세요.

2 먼저 존중의 모습을 보여주신 예수님을 기억하며 우리도 존중하는 사람이 될 것을 말씀을 통해 다짐해요! 〈빌립보서 2장 3절〉의 말씀을 읽어보며 빈칸을 채워보세요.

"아무 일에든지 다툼이나 허영으로 하지 말고 오직 (　　　　) 마음으로 각각 자기보다 남을 (　　　) 여기고"

꼬마 말씀사전

나다나엘 : 이름의 뜻은 '하나님의 선물' 이라는 의미를 담고 있어요. 예수님의 제자 빌립의 소개로 예수님께 나온 사람이지요. 예수님께서 참 이스라엘 사람이라고 하였어요. (바돌로메라고도 알려져 있지요.)

나사렛 : 갈릴리 산간 지방에 속하며 산들이 둘러 서 있는 산간의 분지입니다. 나사렛은 천사 가브리엘이 요셉과 마리아에게 아들을 낳을 것을 계시해 준 곳이지요. 예수님이 어린 시절을 보낸 곳이기도 합니다.

가자, 세상으로!

1 예수님은 나다나엘을 사랑하고 존중해주신 것처럼 지금도 우리를 사랑하고 존중해 주세요. 예수님을 만나면 뭐라고 말할까요? 또 예수님처럼 우리를 존중해주시고 사랑해주시는 선생님에게 무슨 말을 해드리고 싶나요? 다섯 글자 게임을 하며 이야기해보세요.

다섯 글자로 말해요!

예수님에게, ○○○○○

선생님에게, ○○○○○

2 우리도 예수님처럼 존중의 사람이 되기를 약속하며 다짐해봅시다. 아래의 결단의 문장에 이름을 적고 사인해주세요!

"나, ________ 는 무슨 일을 하든지 다른 사람을 무시하지 않고

____

겸손한 마음으로 나보다 남을 낫게 여기는 존중의 사람이 되겠습니다!"

20　　년　　월　　일

____________ (확인)

말씀을 생각하며 기도해요

하나님, 예수님을 통해 존중의 의미를 깨닫게 해주시니 감사해요! 또 우리에게 예수님을 전해주시는 선생님을 만나게 하신 것도 감사합니다. 존중의 모습을 보여주신 예수님을 본받길 원해요. 또한 우리를 사랑하며 존중하며 섬겨주시는 선생님처럼 우리도 다른 사람을 존중하는 어린이가 되게 해주세요. 예수님의 이름으로 기도합니다. 아멘!

다양성

다른 모습을 인정해요!

(룻기 1:16~17)

쏘옥! 말씀 이야기

사사시대에 흉년 때문에 이스라엘에서 **모압**으로 이사해 살던 나오미는 남편과 두 아들이 죽자 이스라엘로 돌아오려 했어요. 나오미는 모압에서 얻은 두 며느리에게 말했어요.

"이제 너희의 고향으로 돌아가거라!"

나오미의 말에 첫째 며느리는 고향으로 돌아갔어요. 하지만 둘째 며느리 룻은 이렇게 이야기했어요.

"어머니, 제게 돌아가라 하지 마세요. 어머니께서 가시는 곳에 저도 가겠어요. 어머니의 백성이 나의 백성이고 어머니의 하나님이 나의 하나님입니다. 끝까지 어머니 곁에 있을 거예요!"

룻은 어머니 나오미를 따라 갔어요. 고향 모압을 떠나 타국 땅 이스라엘에서 살았지요. 낯선 나라 이스라엘의 보리 추수 때에, 룻은 보리밭에 나가 이삭을 주웠어요. 이삭을 줍던 룻은 밭의 주인 보아스를 만나게 되었어요. 보아스는 룻에게 친절을 베풀었어요. 사람들을 시켜 밭에 이삭을 일부러 떨어뜨리고 사람들이 외국인인 룻을 괴롭히지 못하게 지켜 주기도 하며 룻을 도와주었지요. 마침내 룻과 보아스는 결혼을 하여 가정을 이루었답니다. 하나님을 믿고 섬기는 아름답고 조화로운 가정을 이루었습니다. 하나님께서는 이런 보아스와 룻의 가정에 복을 주셨습니다. 후에 보아스와 룻의 가문에서 **다윗** 왕이 태어나기도 했답니다.

아하! 나는 성경박사!

1 낯선 나라로 오게 된 룻의 심정은 어땠을까요? 아래 각 상황에서 룻의 마음을 상상해서 룻의 표정을 그려보고 말풍선을 채워보세요.

2 낯선 땅에서 열심히 살아가는 룻을 도와준 사람이 있어요. 그 사람은 누구인가요?

○○○는 룻의 모습을 그대로 인정했어요.
타국 땅에서 열심히 살아가는 룻의 모습을
보고 친절을 베풀어 주었지요.

꼬마 말씀사전

모압 : '아버지께서 들어온다' 는 의미로, 요단 동편의 고원 지대에 있는 나라 이름입니다. 남쪽은 에돔, 동쪽은 아라비아 사막, 서쪽은 사해, 북쪽은 요단 평야로 이루어진 나라로 사해 수면보다 131미터나 높은 고지대에 위치했던 나라입니다.

다윗 : 이스라엘의 두 번째 왕으로 보아스와 룻은 다윗의 증조할아버지와 증조할머니이지요.

가자, 세상으로!

1 톱니바퀴는 서로 다른 면이 맞물려 다른 방향으로 회전할 때 제 기능을 발휘해요. 우리도 톱니바퀴 안에 친구이름을 적고, 빈 칸에 내가 친구를 도울 수 있는 점, 친구가 나를 도와줄 점을 적어 보세요.

2 게임을 하며 친구들과의 차이점을 찾아보고 그 차이점을 품어주며 사랑하는 공동체가 되어 보세요.

① 반별로 술래를 한 명 정하고 나머지 인원은 둥그렇게 둘러앉는다.
② 술래는 한 사람에게 다가가서 "당신은 당신의 이웃을 사랑합니까?" 라고 질문한다.
③ 질문을 받은 사람은 "예!" 또는 "아니오!" 중 한 가지를 선택해서 대답한다.
④ 질문을 받은 사람이 "예!" 라고 대답할 경우 답변자의 양 옆에 앉은 사람은 자리를 바꿔 앉아야 한다. 이 때, 술래는 재빠르게 두 사람의 자리 중 한 자리를 찾아 앉는다.
⑤ 질문을 받은 사람이 "아니오!" 라고 대답하면 술래는 다시 "어떤 이웃을 사랑하나요?" 라고 질문을 한다. 질문 받은 사람은 다른 사람의 특징을 살펴 "나는 ○○○한 사람을 사랑합니다" 라고 대답한다.(예: 나는 안경 낀 사람을 사랑해요. 나는 머리 긴 사람을 사랑해요. 나는 까만색 양말 신은 사람을 사랑해요. 등) 이 때, 답변의 특징에 해당하는 사람들은 모두 일어나 자리를 바꿔 앉아야 한다. 술래는 그 틈에 빈자리를 찾아가 앉는다.
⑥ 자리에 앉지 못하는 사람이 새로운 술래가 되어 같은 방법으로 계속 게임을 진행한다.

말씀을 생각하며 기도해요

하나님, 우리를 알록달록 다양하게 창조해주셔서 감사해요. 친구들의 다양한 모습이 서로에게 도움이 된다는 사실을 깨닫게 해주시니 감사드려요. 우리가 서로의 다름을 인정하며 어울려 사랑하며 살아갈 것을 다짐합니다. 우리의 다짐을 지킬 수 있도록 우리에게 힘을 주시고 우리를 도와주세요. 예수님의 이름으로 기도합니다. 아멘.

다양성

서로 다르지만 함께해요!
(고린도전서 3:3~9)

쏘옥! 말씀 이야기

고린도 교회가 시끌시끌하네요. 점점 성장하던 고린도교회에 문제가 생겼어요. 편을 가르고 서로 자신들이 최고라고 큰소리예요. 그 소식을 들은 바울은 너무 안타까운 마음으로 하나님의 가르침을 담은 편지를 고린도교회에 보냈어요.

여러분들 중 어떤 사람은 "나는 바울 편이다" 하고,
또 다른 사람은 "나는 **아볼로** 편이다"라고 한다고 전해 들었습니다.
여러분은 육에 속한 사람입니까?
아볼로는 무엇이고, 바울은 무엇입니까?
아볼로와 나는 여러분을 믿게 한 일꾼들일 뿐입니다.
주님께서 우리에게 각각 맡겨 주신 대로 일을 했을 뿐입니다.
나는 심었고, 아볼로는 물을 주었습니다. 자라게 하신 분은 하나님이십니다.
심는 사람이나 물주는 사람은 아무것도 아닙니다.
교회를 자라게 하시는 분은 하나님이십니다.
심는 사람과 물주는 사람에 대해 더 중요하다고 비교할 것은 없습니다.
그들은 각각 수고한 만큼 자기의 삯을 받을 것입니다.
우리는 하나님의 **동역자**요, 여러분은 하나님의 밭이며, 하나님의 건물입니다.

아하! 나는 성경박사!

1 고린도 교회에 다툼이 일어났어요. 다툼의 원인이 무엇이었는지 설명해 주고 있는 그림을 보고 빈칸에 알맞은 말을 넣어보세요.

2 하나님이 맡겨 주신 역할에 따라 다양하게 교회를 가꾸고 돌보는 것은 매우 중요해요. 바울은 "우리는 하나님의 ________ " 라고 설명해 주고 있어요. 다음 중 ______ 에 들어가기 어려운 것은 무엇일까요?

1) 동역자 2) 가구 3) 건물 4) 밭

꼬마 말씀사전

아볼로 : 구약성경에 능통했던 사람으로 세례요한의 제자였어요. 뛰어난 말솜씨와 해박한 지식으로 고린도교회에서 성경을 가르쳐주어 많은 사람들이 아볼로를 존경하고 따랐어요.

동역자 : 한 가지 일을 같이 하는 사람이란 뜻이에요. 서로 다른 바울과 아볼로는 하나님을 위해, 교회를 위해 한 가지 일을 같이 한 것이지요.

가자, 세상으로!

1 알록달록 다양한 우리들이지만 함께 모여 하나님의 밭, 하나님의 교회를 이루어가요. 퍼즐을 꾸며 아름다운 교회를 완성해 보세요.

- 준비물 : 종이퍼즐(부록), 색지(교회지붕과 십자가), 풀, 가위, 사인펜이나 색연필, 우드락
- 진행방법 :
  ① 부록의 종이퍼즐을 오리고, 퍼즐을 4개씩 나누어 가진다.
  ② 자신의 퍼즐 조각에 알록달록 자유롭게 색칠을 한다.
  ③ 우드락 위에 색지를 오려 삼각형의 교회지붕을 붙인다.
  ④ 각자 꾸민 퍼즐을 함께 맞추어 우드락에 붙인다.
  ⑤ 퍼즐이 완성되면 지붕 위에 십자가를 붙인다.

2 교회뿐만 아니라 학교에서도, 동네에서도 서로의 다양함은 하나님의 뜻 안에서 매우 중요하고 소중한 것이지요. 나와 다른 친구를 각각 떠올리며 그 친구의 장점이 무엇인지 생각해 보고 함께 사이좋게 지낼 수 있도록 기도해 보세요.

	친구이름	장점	기도제목
학교			
동네 혹은 학원			

말씀을 생각하며 기도해요

하나님, 서로 다른 우리들이 모여 하나님의 집, 하나님의 밭, 하나님의 교회가 되게 해 주셔서 감사합니다. 서로의 다름을 감사하며 각자의 역할에 충실하여 하나님이 기뻐하시는 열매를 많이 맺을 수 있는 우리가 되게 해 주세요. 예수님의 이름으로 기도합니다. 아멘.

용서 10쪽 말씀카드

하나님의 사랑 14쪽 파노라마 북

구원 18쪽 실천카드

	월	화	수	목	금	토
구원사역을 따라						
말씀	마 9:27~35	막 5:21~34	막 5:35~43	눅 19:1~10	막 6:32~44	눅 23:33~46
확인						

구원 20쪽 발모양 전도지

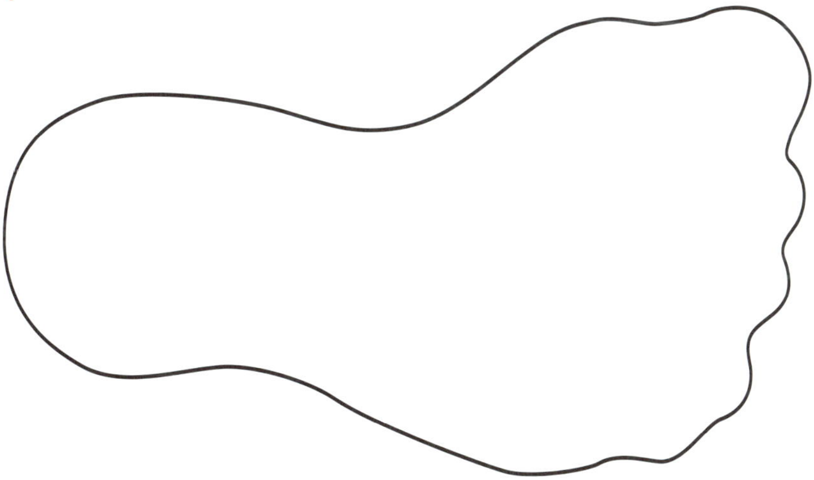

다양성 28쪽 종이퍼즐

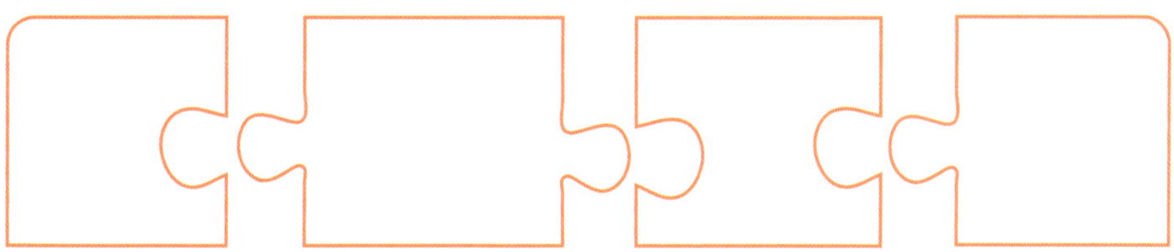